가슴 울리는 천상의 소리

가슴 울리는 천상의 소리

김옥자 시집

도서출판 천우

● 시인의 말

저는 항상 메모지와 연필 들고
낙서하는 것이 취미라
매일 일기 쓰며 하루를 반성하고
어린 시절 시를 쓸 때는 동심의
세계로 가 있고
여행 시를 쓸 때는 구경하는 착각에
푹 빠져 시간 가는 줄 모릅니다

텔레비전에 나오는 시골 풍경과 한국 기행
또 친구들과 대화할 때 나누는 이야기 속에
시상이 떠올라 계속 썼는데
제가 동인지며 시집까지 낼 줄은
정말 몰랐습니다

시집을 내려고 준비하는 동안
엔돌핀이 쑥쑥 올라 행복을 느꼈습니다
독자분들이 자기 얘기처럼 공감 가는
글을 쓰기 위해 더 노력하겠습니다

2018년 3월

김옥자

제1부

가슴 울리는 천상의 소리

제2부

사랑엔 유통기한이 없다

제3부

멋쟁이 되는 건 시간문제

제4부

속담으로 하는 대화

제1부

가슴 울리는 천상의 소리

봄바람

삼라만상 울린 천둥소리에
잠자던 개구리 깨어나면

흙 들어 올리고 일어선 새싹
꿈틀거리며 내미는 손

가늘고 부드러워
살살 달래야 한다던 어머니

물오른 버들피리
방에서 삑삑 불면 뱀 나온다고
못 불게 하셨지

누군가 뒷동산 올라
구성진 퉁수 부는 소리에

바람도 조용히 숨죽이고
잔잔한 내 가슴도 출렁출렁 파도쳤지

가로수

거리 측정하기 위해
이정표로 오 리에 하나씩
오리나무를 심었다

십 리에 능소화 버들은
오염된 공기를 정화시키고
바람 불면 살랑살랑 춤추는 모습이 예뻐
관상수로 심었는데

솜털 달린 씨앗이
알레르기 원인이라고 교체했다

노란 은행잎 모두들 좋아해도
열매 냄새가 나서 싫으시다고요

봄에는 꽃 보고
가을에 빨강 단풍 보는 벚나무나
늘 푸른 잣나무가 좋은데

개성이 다르다 보니
장단점은 다 있네요

물

너를 얼마나 기다렸는지 몰라
가뭄 끝에 단비 반가워

모내놓고 한가할 때
적절하게 오는 비 떡비라네

갑자기 먹구름 죽 끓듯 하더니
무더위 식혀주는 소나기

밤에 쏟아지는 비
달님의 눈물인가
하늘도 나처럼 엄마가 없나
훌쩍훌쩍 우는 걸 보니

하얀 진주 같은 비가
줄줄이 떨어지며
내 얼굴 세수시켜 주네

얌전한 보슬비 한 방울 한 방울
내 몸 혈관 속으로 들어가는
영양제 같은 비

꽃

누구 하나 찾아주는 이 없어도
서로 보며 고개만 끄덕이는
소박한 클로버 씀바귀 들꽃

무표정에 잠겨 있어도
나비는 담 너머 가네

작약 미인 희롱하고
울긋불긋 목단화 삼천궁녀 되고

곱디고운 양귀비 금을 주랴 은을 주랴
금도 싫고 은도 싫어
3일만이라도 내 곁에 있어 다오

향과 빛깔이 내 마음속에 떠나지 않아
사모하는 그리움이 간절해

부귀영화란 일시적인 것
씨앗에 영원한 진실을 담아
세상에 남기고 가리라

꽃씨가 바람에 날아

민들레 씀바귀 엉겅퀴
어디서 왔는지 보이지도 잡히지도 않고
느낌으로 흔들어주는 바람

비슷한 씨앗들이 솜털처럼 가벼워
날아다니며 놀고 있네

털이 뽀송뽀송한 박주가리 꽃
홀씨가 번식을 위해

살랑살랑 하늘로
멀리멀리 떠나가네

나팔꽃

해마다 맺는 씨앗 저절로 떨어져
흙도 많지 않은 자갈 덤불에
실하게 자란 녹색 덩굴이 다 덮었네

아침 일찍 피는 줄만 알았는데
비 오고 흐린 날은 입 다물고 있다가
햇볕 나고 잔잔한 날 웃으며 대화하네

파란색 분홍색 무리지어 핀
아기 살결처럼 야들야들
곱고 예쁜 꽃잎들

똑같은 표정으로 바람 선율에 맞춰
화사한 여름날 합창을 하듯
뽐내고 있네

빛초롱 축제

폭포수처럼 쉬지 않고
흐르는 자연의 공전에
불빛으로 단장한 조명이
어우러진 멋진 청계천

평창 동계올림픽 마스코트
수호랑 반다비가
스케이트 봅슬레이 컬링 경기를 하고

다양한 캐릭터 등불
애니메이션 로보카 폴리
나긋나긋한 음색으로
가슴 울리는 천상의 소리 맞춰
아기공룡 둘리 살랑살랑 춤추고

서걱서걱 스치는 갈대 바람 부는 대로
물가에 형형색색 반영되어
늦가을 밤의 서울을
더 화려하게 물들인다

먼지

너는 다리가 없어도 어디든지
다닐 수 있어서 부러워

바람 불면 빙글빙글 돌면서
동네 구경 다 하고
재미있게 살맛 나는 세상 사는구나

청계천 복원하고부터는
둥둥 떠다니다가
물 위에 살짝 내려앉아
물고기와 나뭇잎하고
속삭이며 놀기도 해

태풍아 불어라
시원해서 좋고
날개가 없어도
훨훨 높게 멀리 가면서
마음에 드는 곳 있으면
자리를 잡거라

사계절

엄동설한에는 꿈도 못 꾸던 딸기를
세상이 좋아지면서
하우스 덕분에 먹을 수 있다

사과는 자기가 최고라며 자랑하는데
나만큼 큰 놈 있으면 나와 봐
수박이 갈증 해결해 준다며 큰소리 쾅쾅

귤 포도는 당도가 높다며
천도복숭아는 열이 천 도나 된다고
뻥 잡는다

방울만 한 대추가 제사상 보약 등등
감초처럼 어디든지 잘 어울린다며 방방대고

옹기종기 앉아 서로 인기가 좋다고
이야기꽃이 피는 과일가게

안전이 제일

비 오고 화창한 날
거북이가 운동하러 나왔다

지렁이가 느릿느릿 기어가는 거 보고
야, 타!

굼벵이가 대굴대굴 구르니
아이고 답답해 언제 가니
야, 타!

생김새는 달라도 행동은 똑같다

세월이 좀먹으랴
서둘지 말고 차분히

오 분 빨리 가려다가
삼십 년 먼저 갈지 몰라
안전이 제일이야

비

흰 구름과 바람이 마술을 부리면
양 떼와 강아지가 뛰어놀며
맹수가 되어 싸우다 파도처럼 밀려가고

풍경화 그리다 장난기가 발동하면
달 얼굴 슬쩍 가리며 숨바꼭질하잖다

하늘에 화려한 꽃동산 만들다
제 맘에 안 들면 징징거리고
눈물이 비가 되어 주룩주룩 쏟아진다

란타나 꽃

화려한 내가 좋아

나는 은은하고
소박한 것이 싫어
노랑 주황 분홍으로 변하는 꽃

한 번 피고 지기 아쉬워
자라는 대로 연속 피는 꽃

시샘이 나서
짓궂은 바람이 흔들고 가면

우수수 떨어져
바닥에 수놓은 란타나 꽃

뚝방길 1

한강 둑에 쭉쭉 심어 늘어진 가지에
자기 몸 보호하려고

촘촘히 박힌 가시 사이
꽃송이가 몽글몽글 굉장하네

활짝 핀 하얀 꽃잎 연노랑 수술에
개미와 벌들이 바글바글하네

오고 가는 이들에게
꿀과 향기 나누어주는 찔레꽃

빨강 열매 조롱조롱 달려
겨울까지 아름다워라

뚝방길 2

하얀 홑꽃잎 순수한 아가씨
험상궂게 생긴 찔레나무

성형하고 난 뒤
묘한 매력으로 피었노라고
으스대지 않는 빨간 겹 장미꽃

지나가는 사람들 첫눈에 반해
사랑한다며 고백해도
그저 묵묵히 시들어 지는데

연예인처럼 많은 인기 받다 보니
날카로운 무기를 평생
가슴에 품으며 산다오

춤바람

너 노는 것만 바라보아도
눈과 마음이 즐거워

오른발 왼발 해봐도
마음대로 잘 안 되더라

앞집에 늘어진 넝쿨장미나무 끝에
꽃 한 송이 신나게 놀고 있네

니나노 아니면 덩더쿵인가
바람이 약하면
살랑살랑 흔들고
강하면 빠르게

서울 대구 부산 찍고
춤을 추는 여인처럼 보인다

야산의 조각공원

산들거리며 속삭이는
보라색 제비꽃
시냇물이 청아하고
맑은 크리스털 소리 같다
대학생들이
나무와 대리석 알루미늄 철사 등으로
만든 조각 작품들

바람 불면 잠자리 날개가
접어졌다 펴지며 나르는 모양이 재미있고
푸른 솔밭 사잇길에 실루엣
남남북녀 만남의
통일을 위한 소원도 있다

진달래 곱게 핀 야산에
12개 면경 속에 비치는 얼굴이
나를 보며 미소 짓고
내면은 무지개 색깔 꿈 희망
환경의 조화와
시각적 효과를 담고 흔들린다

무공해

검정 비닐 씌우고 심으면
자연이 다 알아서 키워주네

줄기가 자라는 대로
초록 하트 잎이 다닥다닥 피어올라
가을까지 사랑이 익어가네

칠흑 같은 어두운 땅속에
두더지가 굴을 파 놓으면
울퉁불퉁한 너를 쥐가 들어가 갉아먹네

녹말 만들어 발발 떠는 묵도 쑤며
맛탕도 해먹는 알찬 속노란 밤고구마

나무

겨울을 나기 위해
죽은 듯이 입 다물고
미래를 기다렸어

바싹 말라 앙상한 가지들
은밀히 고갯짓만 했어

벌거벗은 나무
흰 눈이 포근히 덮어줬는데

샘이 난 해님이
자꾸 바라보니까
거죽 옷 사라져버렸어

화려한 어제의 속삭임
품에 안았던 널
잊지 못하고 있어

얼음꽃

봇물 막으면 넓은 빙판
아버지가 만들어준 썰매 타고

서로 밀어주며 끌어주고
넘어져도 해맑은 웃음 깔 깔 깔

맑게 비치는 물속 송사리 떼들
날아다니는 새처럼 춤추네

날씨가 추우면 동글동글한 은구슬 사탕
만지면 깨질 것 같은 예쁜 얼음꽃

햇빛에 반짝반짝

눈 추억 속으로

어젯밤 잠든 사이에
온 세상이 백발이 돼서
친목회도 취소됐네

나무마다 상고대 모양이
제각각 요상하게 생긴 그림 같은 설경

능수버들 늘어진 가지
몽실몽실한 솜사탕
누가 장식해 놓았을까

태양이 떠오르고 훈풍이 불면
양지바른 장독 뚜껑 소복소복
호빵에 김이 모락모락 올라오네

뒷동산 눈 속에 샛노란 복수초꽃
얼굴만 내밀고 방긋 웃으며

아이 추워 엄마
콧등이 시려
호호 해줘

행복한 사랑

이슬 머금고 피어난 청초함
백만 송이 장미꽃 향연

내 마음을 설레게 하는 여왕의 꽃
우아함을 자랑하듯 뽐내고 있다

품종 따라 각양각색
흔치 않은 진귀한 연두색
보라 하늘색들이 신비롭다

비단같이 고운 살결
우리 아기 얼굴 같다

너무 곱고 예뻐 꺾어보니
가시나무로다

제2부

사랑엔 유통기한이 없다

무박 1일

부부동반 모임 밤새도록 기차 타고
새벽녘 태종대서
새빨갛게 떠오르는 장엄한 광경
우리만 독차지한 일출에 환희 넘쳤지요
오륙도 손짓하는 자갈치 시장에서
팔딱팔딱 뛰는 생선들 보니
내 심장도 뛰었네요

용두산 공원 입구 은행나무
황금 방울이 주렁주렁
키워줘서 고맙다고 보답하네요
도심을 한눈에 내려다보는 우뚝 솟은 타워
지금은 멈춘 영도다리와
변화된 부산 면모에
즐거운 날

부산 가서 어묵과 씨앗호떡 안 먹고 오면
오나마나 가나마나래요
멀고도 가까운 여행
하루 만에 뚝딱이네요

진천 연수원

물 부족함이 없어 농사짓기
안성맞춤이라는 생거진천

섬이 아닌 섬처럼 그림 같은
연수원 앞은 낚시터다

보드라운 물에 푸른 갈색
누르스름한 은백색 비늘

눈이 부시게 번쩍번쩍 하는
물고기들이 한가롭게 춤추며 놀고

일상에서 지친 몸 달래며
세월을 낚는 사람들

약한 자는 강자에게
먹이가 된다

상암동

구름다리에 진분홍꽃 향기 덩굴 페튜니아
이슬 먹고 자라 성깔 급한 놈 팡팡 터져

코끝이 간지러워
노랗게 함박웃음 짓는구나

햇살을 야금야금 먹으며
붉은 열매 조랑조랑 예쁘길래 좀 따다가

씨 빼고 꿀로 재워둔 산수유
차 한 잔 마실 적마다

하늘공원 같이 간 언니 동생들과
행복했던 그날처럼

태양이 따사롭게 비추는
지상낙원이 여기로구나

황금 나라

은행 털러 가요
그래 고무장갑 비닐 가방 준비할게

1년에 10월 한 달만 개방한다는 홍천
현장에 와보니 생각과는 다르구나

2천 그루 은행나무 숲은 수나무만 있어
깨끗하고 강렬하고 따뜻한 느낌과
포근해 스트레스 해결되는구나

가을바람이 살랑살랑 부는 대로
노랑나비인 양 날아다니는구나

동서랑 황금비 쏟아지는 천국에 왔구나

가족 1

아들 며느리 병아리 손자들과
함께 간 꽃동산
공원에 와보니 화끈하게 핀
핑크빛 벚꽃이 만발하다

오늘이 제일 젊은 날
오래도록 간직하려고
사진 찰칵 찍고
오순도순 둘러앉아
사는 얘기 나누며 행복을 느낀다

자녀는 부모한테 생명을 이어받고
부모는 나이 들어 자식에게
자기 노후를 맡겨야 하는
한 핏줄을 나눈 사이

사랑엔 유통기한이 없다

사이판 바다

신비의 섬에
모래가 떡가루처럼
보들보들하고 촉감이 좋다

낮은 곳은 연옥색깔 진한 옥색
깊은 데는 남색

바다 밑에 산호가 있어서
해가 도는 대로
하루에 물 색깔이 35번 바뀐다

나비고기 노는 모습이
다 들여다보이고

철썩철썩
부딪히고 부서지는 파도

유리처럼 다 들여다보이는
아름다운 바다

석모도 나루터

석모도 갔다 오는데
갑작스런 성난 날씨
두려움에 떨었네

먹구름 잔득 낀 거센 바람에
검푸른 바다는 울부짖으며
몸부림치다가
세상을 집어삼킬 듯하네

치솟는 파도가 산산조각 부서질 때
내 마음도 찢어져 나뒹굴었네

물귀신에게 홀린 듯
장춘자 친구와 악몽을 헤맨 순간이었네

밤인지 낮인지 착각

원앙 친목회원 다섯 명이
처음 휴가 받고
2박 3일 온천 가며
신이 나서 랄랄라

이튿날 밤 11시부터 새벽 4시까지
동대문 운동장 주위에서
짝퉁 가방 등 아이쇼핑하고

낮에는 남대문 시장 길가에 각종 물건 팔고
밤이면 포장마차 세상으로 변신

여러 가지 고기 굽는
구수한 향이 유혹하고
건배 소리 요란하다

모텔에 들어와 패션쇼 하며
짱이야 멋져 하며

주거니 받거니 이어지는
달콤한 수다 마력에 빠진다

코드가 딱딱 맞는
보약 같은 친구들아
한백년 즐겁게 잘 살다 가자
천금을 주어도 못 사는 건
우정이란다

충주호

수안보 한전연수원 근처 가면
망개떡 망개떡 사세요
메아리 퍼진다

유람선 타고 한 바퀴 돌면
시원한 공기 한 아름 안고
눈과 마음이 즐거워라

신록의 향기 가득한
월악산 송계계곡 바위를
깨끗이 씻으며 흐르는 물

바람 친구와 쓰러질 듯 말 듯
감미로운 음악 소리로 들리고
산세가 아름다운 녹색 빛깔 나무들

꽃 축제

쾌청한 오월 햇살이
눈부시게 쏟아지는 공원

꽃봉오리 유혹하는 바람
슬쩍 만지고 지나간다

방글방글 웃는
꽃의 정령들

영원히 머무르고 싶었지만
아쉬움을 뒤로하고 오는데

빨강 장미 꽃잎을
뿌려놓은 것 같은

밀리는 자동차 후미등이
어둠의 바다에 수를 놓는다

구례

자연의 쾌적한 녹색 휴양지
동편제 소리꾼
대금 신명나는 농악놀이
흥바람 났다

꽃보다 더 아름다운
오색 단풍이 조화롭게 어우러지고

산수유 붉은 옷 갈아입고
가을 손님 맞으며 열매 따기
효소 술 비누 만들어본다

블루베리 토란 울금
먹거리 볼거리 풍성하고
다양한 빛의 향연 불꽃축제
까만 하늘
반짝반짝 아름다워라

강화 고려산

붉게 물든 꽃바람 안고
언덕 오르느라 거친 숨 가빠도
기쁜 마음 어쩔 줄 몰라
입을 못 다무는구나

비단에 수를 놓은 것처럼
아름다운 고려산 철쭉꽃 환상이로구나
높고 맑은 신선한 공기 마시니
가슴이 뻥 뚫리고

정상에서 멀리 내려다보이는 넓은 들판
청보리 물결치는 파도
풋풋한 풀향기 여기까지 오는구나

천연기념물

외적 접근 막기 위해 아주 먼 옛날
400년 전 울타리에 심었다

노란 열매 향기는 좋지만
쓰디쓴 맛 먹지도 못하는
빛 좋은 개살구

잎보다 꽃이 먼저 피고
날카로운 큰 가시 사이에

참새들이 종알종알 구구구
수다 삼매경에 빠졌다

강화 갑곶돈대 탱자나무
많은 사랑 받으며

당당하게 우뚝 서 있다

사찰 연꽃

홍연꽃 속에서 예쁜 미녀가
나올 것처럼 그윽한 향기 내뿜고

등불 밝히며
노스님 목탁 독경 소리 맞춰
황소와 신도들 소원 비는 선원사

연꽃 재배하는 논
끝이 안 보일 정도로
넓게 펼쳐진 녹색 우산들

잎 꽃 씨앗 뿌리로
다양한 음식 구경하니
마음속 뿌듯하기만 하네

동창 모임

총무네 펜션 초원의 집
넓은 정원에 모든 꽃들이
여기 다 있네

은자는 점점 젊고 예뻐지는 것 같다
때 빼고 광내잖아
동심으로 돌아와 부담 없이
너 야 말 놓는
할머니 할아버지들

물레방아 돌 인어상
오층석탑 다듬이돌탑
큰 소나무 밑에
그네 농구 널뛰기 하며
20명 얼굴엔 미소가 활짝 피었네

바람 부는 대로 연못에
둥둥 떠다니는 꽃잎

노래방도 있어
귀웅이의 카리스마 넘치는 노래에
모두들 쾌활 낭랑 가득한 날이네
공기 좋고 경치 좋은 곳에
복사꽃 아카시아 향기 내뿜는
무릉도원에서 동창회 하네

변신

세상의 모든 쓰레기들
차곡차곡 쌓아 올리더니
하늘까지 닿았나

냄새 나고 지저분한 난지지가
꽃 피고 풀벌레 멜로디 소리 들리는
초록빛 하늘공원이 되었네

견우와 직녀 상봉하듯
은하수까지 다리 건너
그리웠던 친구와 데이트 하네

바람 불면 은빛 물결 넘실넘실
억새 춤 덩실덩실
천상은 장관이라네

강화 마니산

물소리 장단 맞춰
새들이 노래 들으며
화창한 날 나무 그늘 속으로 오르면

정상에 무궁화꽃이 방긋 웃는
마니산 참성단

여고생 칠 선녀와 단군께 제사 지내며
성화봉송 채화식 하는 곳에

변덕스런 날씨 변화로
자욱한 안개가 앞이 안 보이게 밀려오니

구름 위로 떠다니는 상상에
빠져드는 순간
신선이라도 나올 것 같네

오읍 약수

강화읍 사대문 중
가뭄에도 개나리 벚꽃
흐드러지게 핀
진송루 북문 가는 길

이조 후기 가뭄에 목이 말라
기우제를 지내니
청천 하늘에서 벼락이 떨어져
바위가 갈라지면서
샘물이 솟아났다

하늘이 울고 땅이 울고 신이 울고
왕이 울고 백성이 목메어 울었던 그곳
물맛 좋기로 소문난 오읍 약수

족구 배드민턴 흙먼지 날리며
운동하는 어르신들 신이 난다

골동품

넌 이름이 뭐니
빨갛게 잘 익은 고추장
여기 구수한 된장도 있어요

난 간장독 짜디짠 물을
오랫동안 보관하고 있어서
내 몸에는 소금꽃이 피었어요

어느 수집가가 수거해놓은 물건들
태양 빛에 번쩍번쩍 너무 놀랬어요

한국의 멋을 잘 나타낸
항아리 변신은 무죄

옹기에 구멍 뚫어 새 작품으로 탄생
수줍은 미소 하하 허허 웃는 얼굴
찌푸리고 성난 표정 다양한 공예품

미고사*

백팔계단 올라가며
모녀 정답게 깔깔대던 여행
딱 한 번 더 함께 못한 시간
미 안 해 요

어머니 시한부 선고 알고서도
태연스럽게 전복죽 맛있다고 다 드시고
마지막이라며 참깨 서리태콩
한 보따리 싸주었지요
고 마 워 요

잠시라도 모시고 싶었지만
마음대로 안 되었던
불효한 딸자식 용서하신다더니
저세상이 얼마나 좋으면
한 번도 안 오실까
사 랑 해 요

* 미고사 : 미안해요, 고마워요, 사랑해요의 각 첫 글자를 따서 만든 말.

제3부

멋쟁이 되는 건 시간문제

강화 오일장

두 평 남짓 손수 기른
고구마 순무와 약초 파는
노부부 언제나 미소 떠나지 않네

되로 받고 말로 주는 뻥튀기 아저씨
꽝 하는 순간 눈 떠보니

하얀 구름 피어오르다 사라지고
구수한 향이 사람 살이네

봐요봐요 흥겨운 장단에
어깨춤 추며 수삼 홍삼 건삼
한 보따리 만 원 만 원

그냥 가시면 의리 없지
알사탕 입에 넣어주는
인심 좋고 푸근한 시골장

정 듬뿍 담아주고
흥 가득 가져가네

동양화

열일곱 꽃띠들
민화투 치던 시절

송학과 십장생
반가운 봄소식 전하러 왔어
웬 떡이야
매조 한 쌍과 벚꽃 구경이나 가세

난 어떡해
창포물에 머리나 감을까
모란꽃 가문에
복운이 들어오네

밝고 둥근 보름달 은은한 향기
국화꽃이 내 목숨 살렸네
청단 홍단 약 효과 좋아 좋아

오동잎 뚝뚝 떨어지면
봉황은 푸드득

꽃은 질투하고
새들이 노래하네

농담 주거니 받거니
새벽이 오는 줄도 모르고
날밤 새우네

제2의 세상

모자 쓰고 먹물 풀어놓으며
나 잡아 봐라

심심할 때 구우면
꾸리꾸리한 냄새 사라지고

구수하고 달콤한 맛
음음— 말문이 막혀

막걸리와 오징어 보쌈은 찰떡궁합
술술술 잘 넘어가네

결혼식 전날 함지아가 되고
온 동네 떠나가라
함 사세요 함 사세요

환갑 잔칫상 장미꽃 국화꽃 사이에
공작새로 변신해 화려하게 멋내고
하늘로 날아갈 것 같네

스마트 폰

가방에 쏙 넣고 다니는
생활필수품
필요한 기능 누르면
빛보다 빠른 문자
'건강하지'
'아니 감기 몸살로 병원 갔다 왔어'
친구는 김이 모락모락 올라오는 삼계탕
카톡으로 배달이요

그림에 떡이지만 고마워서
감 한 상자 사진으로 선물 보냈더니
'자기 안목이 최고
내가 감 좋아하는 걸 어떻게 알았어 꿀꺽'
심심할 때 주고받는 기쁨
뒤늦게라도 햇살 같은 너를
만나게 된 건 행운이야
스마트 폰이 내 곁에 잠시라도 없으면
난 못 살아

헤어라인

그곳에 가면 정든 사람들과
동네 뉴스 다 들으면
마음의 문이 활짝 열리지요

세상에서 가장 먼 거리가
뒷모습이라고 했던가요

깎고 다듬고 지지고 볶고 드라이하면
깔끔하게 한 인물 더하고
멋쟁이 되는 건 시간문제

머리에 기를 불어넣었더니
쾌활하고 싱그러운 느낌
우루 날날 감정 폭발하네요

아들 며느리

아들 미대 졸업하기도 전에
보석 디자이너로 취직하면서
진주 반지 목걸이 세트로
직접 만들어줘서 키워준 보상 받는 기분
흐뭇했지요

직장을 바꿔서 내 가게를 차렸다
사돈과 남편 생일 몇 년째 같이 지내는데
요리조리 지글보글 볶고 튀기고 끓이면
상다리가 휘어지게 차려요

복어 광어 농어 우럭 회
쓰러진 황소도 벌떡 일어난다는 탕탕이
깨가 서 말이라는 전어까지 배 만땅 채우고
넉살 좋은 사돈 농담이 너무 재미있어
웃다가 배 터질라 살살살

우렁각시 요리사 아들 덕분에 입이 호강하고
며느리가 옷 많이 사줘서 최고야

역발상

매미 같은 인생
살지 말라는 것도 옛 속담

개미마냥 열심히 일해야
잘 산다는 고정관념을 깬

춤과 노래로 새처럼 고운 목소리
감미로운 멜로디와 멋진 리듬이

목청 터지도록 흥분하며
인간 마음을 매혹시켰다

남녀노소 붕붕 뜬 강남 스타일
온 세계인들에게

폭탄 터지듯 퍼져나가
억대 부자로 대박 난 가수 싸이

문소리

해마다 정월 초닷새 날부터 농번기 때까지 저녁만 되면 언니 오빠들과 달밤에 술래잡기 줄다리기 영차영차 왁자지껄 할 땐 풍유산 메아리도 한몫했지

할머니가 대문을 잠가도 담 넘어 들어가 윷놀이 게임하다가 지는 편이 노래하기 옥례의 절절한 음색으로 모두의 마음은 녹아내렸지

정자 민자 숙자 언니들 얼러리 꼴러리 바람났다고 소문이 짜르르 새침데기 골로 빠졌다며 여기저기 수근수근 어르신들 가문에 먹칠한다며 노발대발했지만 세 쌍이 결혼 성공했지

시간 가는 줄 모르고 놀다가 가로등도 없는 어둠이 깔린 새벽 쪽대문 살며시 여는데 삐거덕— 살금살금 떨리는 손으로 미닫이문 드르륵 아버지 헛기침소리 깜짝 놀랐지 엄하게 키우셨던 그 세월이 흘렀건만 꿈에도 잊지 못할 아련한 그리움

물이 필요해

선달그믐 떡 방앗간
가래떡 인절미 시루떡 찌면
김이 하얗게 올라와 앞이 안 보이네
천장엔 물방울 뚝뚝 떨어지고
유리창도 물이 줄줄 흐르네

생전에 좋아하시던 음식
아버님은 소갈비와 약식
어머님은 조기와 황태 북어찜
편떡은 집안 편안하라는 의미
고사리나물은 자손 번창

과일은 크고 좋아야
큰 인물이 나온다는 바람과 정성을 담아
살아 계시듯 맛있게 드시라고
차례상 차리느라
몸도 마음도 수도 계량기도
바쁘게 돌아가네

밤길

별이 떠도
장에 가신 부모님 안 오셔
손전등 들고 마중 가던 중

고양이가 담에서
후다닥 뛰어 내리니
놀라서 쇠똥에 넘어졌다

무릎에는 빨간 꽃이 피었는데
아픈 줄도 모르고
소달구지 끌며 이랴— 하는
아버지 목소리 반가워

온다 하며 뛰어가
달구지 타고
달달한 알사탕 먹으며
동생들과 부르던
고향의 봄 노래
메아리처럼 들리는 듯하다

고향 찬 우물

동네 한가운데 우물가에
여인들이 쪼르르 둘러앉아
수다를 떤다

방망이로 두드리면
때도 잘 빠지고
스트레스도 풀고

말이 오고 가다 보면
근거 없는 소문도
소근소근 퍼진다

한겨울에도 맨손 빨래
꽁꽁 언 손 입김으로 녹이며
뽀드득 소리가 날 때까지

비비고 짜서
머리에 이고 오는 동안
양은 다라에 손이 지남철처럼 붙고

바람은 찰싹찰싹 뺨을 갈기고
빙판길 미끌미끌 발목 잡던
옛 추억이 꿈처럼 아련히 떠오른다

모자(帽子)

장롱 구석에
구겨지고 빛바랜 기억
잠시 나를 붙잡았지

십여 년 전 한 코 한 코
여동생의 정성이 짜놓은
생일 선물

추울 때는 따뜻하게
더울 때는 시원하게

외출할 때마다
동생의 환한 미소
뉴패션 스타일

버리려야 버릴 수 없는
우리 자매의 사랑
주름살 펴고
잘 손질해 걸어 놓았지

모자(母子)

서울 시댁에 와서
투표하고 가던 중

버스 안에서 주고받는 대화

8살 아들이
몇 번 찍었어요

누군 찍고 누군 안 찍어
다 찍었지 뭐

엄마 차비 들이고 하루 품 미루고
무효표 찍자고 왔나요

그면 안 되남
다 내 맘이지 뭐

한 방 맞은 기분
얼굴이 화끈화끈

화문석

왕골 째고 갈라 속 훑어서
밤이슬 여러 날 뽀얗게 말려

끓은 물에 삶아 오색 물감 들이면
고드레 돌로 감고 넘기며 달그락달그락

어진이와 옛날 얘기하던 그때
영진이는 옆에서 기타 치며 노래하고

한 치 간격으로 쌍학 봉학
한 쪽 두 쪽 그림 그리듯 짜놓은
화사하고 멋진 강화 풍경화

돗자리 안에 꽃이 활짝 피면
향기 진동 온 마을 휘감는다

밤 동산

친정집에 감 복숭아 포도 대추 등
앞산에는 벌목하고 밤나무 삼백 그루 심고
따가운 햇살 받으며 알차게 여물어 가네

내 주위를 맴돌며 날아다니는
큰 눈이 무지갯빛이 나고
한복 깨끼처럼 얇게 비치는

고추잠자리가 예뻐서
만져보려고 가까이 가면
눈치를 채는지 금방 사라지네

해마다 쌓인 단풍이 썩어서
모기가 많아 우루루 몰려와
사랑한다고 얼굴에 뽀뽀하며
울긋불긋 도장을 찍었네

자전거 탄 풍경

한강 안개 속으로
뿌옇게 보이는
오리 떼들이 한가롭다

상쾌한 바람을 가르며
달리는 자전거길
코스모스 뚱딴지 꽃이
미소 지으며 반긴다

빨간 모자 쓴 연인끼리
동료들 모두 힘차게
씽씽 달린다

유람선 지나가는 곳에
물결은 거칠고
잘 가라고 손 흔들어주는
애기 단풍

우리를 내려다보는
푸른 하늘은
누가 예쁘게 색칠했을까

방울방울

동네방네 천방지축 뛰어다니며
밀 보릿대로 피리 불던
내 유년의 친구들

바가지 가득 비눗물
콕콕 찍어 후후 불면
수십 개 바람 타고 둥둥둥

제멋대로 멀리멀리 날아다니다
언니 손등 위
꽃봉오리로 내려 앉았다가

하늘로 올라가 빨주노초파남보
화려하게 무지개 마술 부렸던
그리운 친구들

캐릭터

쇼핑 매장 마음대로 휘젓고 다니는
파란 눈동자 외국인 아가씨들

화려한 액세서리에 반해
서로 달아주며 행복이 가득하다

귀여운 동물이 새겨진
예쁜 양말 열 켤레와
앙증맞은 캐릭터 열쇠를

몽땅 사서 선물하고 싶다며
매끄러운 넉살로 윤활유 역할을 한다

밥상

옆집 영남이와 가끔
우리 엄마 아빠 놀이하며 놀까

애호박 속 파서 밥솥 걸고
모래로 오곡밥 하며

도토리 깍지로 밥그릇과
밤 쭉정이로 수저 만들고

풀꽃 뜯어 나물 반찬
치어와 개구리 잡아 회 쳐놓고

진흙으로 떡도 만들면
손발이 척척 맞아

소박한 밥상 차려놓고
구절초 꽃 피운 차 마시던
어린 시절 스쳐 가네

영화 구경

가설극장 동네마다 돌면서
성춘향전 한다고
마이크 소리 찌렁찌렁 울린다

쿵탕쿵탕 뛰는 가슴
발걸음 설렌다

일곱 번 보고 또 봐도
재미있는 로맨스 장면

짓궂은 남자애들 뒤에서
슬쩍 긴 머리 잡아당기고
시치미 뚝 떼는 밤이다

이몽룡과 춘향이 상봉의 감동처럼
일편단심 눈물 삼키면서 기다린

그 남자애도 그때 그 시절
알랑가 몰라

어멍 아방 어서 옵서예

운동장처럼 넓은 수목원에
서귀포 한국 에스지아이 연수원

다양하게 생긴 멋진 나무들과
한눈에 내려다 보이는 탁 트인 바다 보며
한방에 훅 갔다

잠수함 타고 바닷속 해초와
물고기들 보며
해주는 밥 먹는 기분
몇 배로 행복지수 올라간다

셀레는 마음으로 새로운 볼거리
2박 3일 가볍게 날아다니듯 지냈지만

보물 같은 가족이 생각나
우리 동네가 보일 때
발걸음 재촉한다

제4부

속담으로 하는 대화

오냐오냐 내 손자 1

요 녀석들 우리 집에 오면
내가 장난감인 양
놀자고 떼를 쓴다

둥근달 뻥튀기 한 입 두 입
반달이 초승달로 사그라지면

화가가 되려나
떡볶이로 얼굴에 그림을 그리고
눈물 콧물로 매운 글씨를 쓴다

주먹밥 위에 놓인 꽃과 나비가
사랑을 속삭이면
옥수수 하모니카로 노래를 부르는

요 녀석들 변신의 숲속 요정에 홀린 듯
천년이 무아지경이다

오냐오냐 내 손자 2

추석 연휴에 전통 민속놀이
애기들과 처음 해보는데
잘 안 되더라

확 성깔 버리겠다
그만두자 했지만

마음을 비우고 이틀째 도전해보는데
굴렁쇠가 빠르게 굴러가니
쫓아가다가 넘어지고 지친다

찢청바지 입은 모르쇠 씨가
가르쳐주어서 걸으면서도
여유롭게 잘할 수 있게 배웠다

재미있어 깔깔대던 한가위
손주 얼굴 보고 싶어
환하게 둥근달처럼 떠오른다

고희연

식장 입구에 한정련 여사
이름표 달고 날카로운 발톱과 부리
매서운 눈빛으로
창공을 날듯 날개 펼치고 있는
용맹스런 독수리 한 마리

오시는 손님마다 와— 다들 놀랜다

오촌아저씨가 깎고 다듬어
정성 들여 손수 만든 선물이다

풍악이 울리고 시골 엄마 친구분들
잠바 스웨터 차림으로 막춤
감정 폭발하듯 흥바람 넘친다

환영받던 얼음 조각도 아쉬워하고
친정어머니 칠십 잔칫날 좋아하는 표정 보며
사남매와 조카들 얼굴에
미소 떠나지 않는다

속담으로 하는 대화

아들과 둘이 사는 큰어머니
겨울이면 경로당이 된 방에
노총각들까지 담배연기 자욱하다
주인은 수시로 간식과 동지 팥죽 쑤고
명절 때는 떡국 끓여
담백하고 시원한 국물
음식 솜씨 최고라며
말 한마디로 천 냥 빚을 갚는다
오는 말이 고와야 가는 말이 곱다며
노래로 깐근 오월* 긴긴해 매서운 시집살이
배고픈 설움 허리끈 졸라맨 걸 어느 누가 알까
아리아리 쓰리쓰리 아라리요
겉보리 절구에 찧어 고달픈 삶 참고 견디며
살아온 한을 풀어놓는다
일자무식이 대학 나온 사람 뺨치게 유식한 언어들
작심삼일 술 끊으려고 결심해 봐도
사흘을 못 넘긴다고 반복하는 말
어르신들 심부름하며 배운 속담 많기도 하다

* 깐근 오월 : 유달리 해가 긴 오월을 뜻하는 강화도 사투리.

노처녀

성격이며 능력 좋고
알뜰살뜰 살림 잘하는 효녀

내일모레면 사십인데 언제 시집가나
옆집 아가씨

여보시게 신사분
관심 좀 가져보시게나

앳되어 보이는 얼굴
날씬한 몸매 자랑해보고 싶어
긴 금발 머리 휘날려도

귀한 보석은
총각들 눈에 안 보이나 봐
왜 그 처녀만 비켜가지

가뭄

삼복더위 아침에 유원지로
운동하러 나가면
부드러운 바람 고마워

푸르름이 점점 맑아져야 하는데
가뭄에 나뭇잎들이 정신을 놓고
시들시들 졸고 있다

소나기 지나간 뒤
신진대사가 원활해지면
하루가 밝고 기분 좋은 날

해님은 저녁노을
한강에 황금으로 물들이며
마술을 부린다

씽씽카 타고 달리다 보니
온몸에 땀이 비 오듯 흠뻑 젖지만
행복을 느낀다

추어탕

소금 뿌리고
통째로 기름에 튀기기도 하고

탕을 끓여 땀 뻘뻘 흘리며
맛있게 먹지요

아기 살리려고 몸부림 치고 있지만
더 이상은 힘들어 못 참겠어요

어미는 배 속에 있는 생명을 위해
할 수 있는 만큼 아낌없이
보살펴주고 싶어요

내가 어디가 매력이 있는지
불쾌한 얼굴로 좋아서
어쩔 줄 몰라들 해요

저 미꾸라지예요

고향 둥지로

머나먼 길 산란을 위해
파도 넘어 강물 거슬러
수만 마리 올라오네

요동치는 여울목
서로 부대끼며 멍들어도
돌아서지 않는 황어 떼

퇴근시간 지하철 환승통로
한꺼번에 우르르 몰려나오는
인파의 물결 같다

제 둥지로 돌아가는
치열한 생존경쟁의 바다다

단풍비

산이나 들은 온통 꽃동산

사과잎 벚잎 은행잎 주워
책갈피에 넣어두고

어제 내린 비바람에
다 떨어져 융단을 깐 것처럼
공원이 푹신푹신하네

가을이 가기 싫어
질금질금 눈물 흘리며
화려한 옷 벗고 떠나려 하네

커피와 파리

밥상 차리는 동안
파리 한 마리가
먼저 앉아 쫓으니까

내가 먹으면 얼마나 먹는다고
윙윙윙

커피 한잔 줄게 맛 좀 보렴
뜨거운 맛 쓴맛 단맛 다 보고

살맛 난다고 빙글빙글 돌며
커피가 최고야
커피가 최고야

좋은 세상

어스름이 깔린 새벽
한강 유원지로
누구 눈치 안 보고

스스로 도전하고
누리며 살려는 청춘들
운동하러 모여든다

음악이 흘러나오면
콧노래 부르며
빠른 몸놀림 엔돌핀이 돈다

느리면 느린 대로
빠르면 빠른 가락에
노 젓는 뱃사공처럼

어야디야 어야디야
건강을 마음껏 즐긴다

돈

6개월씩 월세가 밀리는 걸 보니
경제가 작년보다 더 안 좋은가 보다

너 때문에 우애가 좋을 수도 있고
원수가 될 수 있는 요물

섣달그믐 월급 받았다며 한꺼번에
반가운 신사임당님이 많이 오셨다

돈이 뭐길래 강아지도 주면 좋아라
팔짝팔짝 뛰고
김사장님 우렁찬 목소리
하늘을 찌른다

나이 들수록 가까운 친구 아는 사람한테
밥 한 번 살 능력이 되어야
신뢰와 존경받으며 멋지게 살지

싸구려 옷 입어도 부끄럽지 않으려면
통장이 두툼해야
밝고 명랑한 관상 꽃이 활짝 핀다

탈곡

부모님 마주 서서 주거니 받거니
도리깨질 휘돌려 치면 착착 장단이 맞는다

아버지는 키질하고 난 바람개비 돌리면
황금 같은 보리가 우수수 떨어지고

뽀얀 먼지 뒤집어쓰고
칭얼대는 동생들도 열이 확확 달아올라
땀방울 줄줄 흐른다

달달한 사카린 넣고
미숫가루 한 사발씩 마시면서

뒤뜰 안에 솥 걸고
옥수수 감자 밀개떡 찌면

온 가족 깨 볶는 소리 담을 넘는다

외갓집

밥알이 동동 뜨는 노르스름한 술 담가놓고
명절 때 흥 많은 외숙모 친구분들

달착지근하고 톡 쏘는
술 한잔에 스트레스 풀어놓네

물동이에 바가지 엎어놓고
똬리로 둥둥 물장구치며 춤추고

콩밭 매고 매끼* 꼬며 가마니 짤 때도
멜로디는 문틈으로 새어나오네

숙모의 은은하게 퍼지는
애간장 녹이는 목소리에
듣는 이들 홀딱 반하네

* 매끼 : 섬이나 곡식 뭇 따위를 묶는 데 쓰는 새끼를 뜻함.

이북이 보이는 동네

강화군 철산리 논밭에 가면
이남은 썩은 밀가루도 없어서 못 먹고 배고파서
어디 사는 아무개 씨가 어제 월북했다는 얘기와
대통령 험담까지 이북에서 마이크 소리 나면
해병대 군부대에서 못 듣게
음악을 크게 틀어 놓는다

또 시작이다 불평하는 이도 있고
모내면서 노래 부르며 허리 필 적마다
엉덩이 흔들며 즐기는 이도 있다
해안도로 사는 사람들은 무심코
따라 부른 것이 가수 수준이 넘는다

평생을 찌렁찌렁 울리는 소리에 스트레스 받아
이산가족 만날 때 합의하에 소원 이루어졌다
가까운 거리를 자유롭게 드나드는 날이 오기를
기대해 본다

한 번도 본 적이 없어

포장 속 안에 꼭 필요한 오장육부
본 적은 없어도 소중히 간직하고 있어
관절은 경첩 모양 접어졌다 펴지는
느낌을 알 수 있지
뇌는 의사전달을 하면
마음에 신호가 와 언어 팔 다리가 움직이고
몸을 지탱하는 뼈와 근육 또 각각
야간 근무자는 잠도 안 자고
기계처럼 잘 돌아가네
수분 호흡 온도 햇빛 음식이
피가 되고 살이 되어 조절이 잘 돼
정신건강 활력에 붉은 오형 꽃 열매가
시간이 갈수록 농익어가고
눈도 코도 없는 것들이 알아서
척척 잘 돌아가네

선풍기

철창 속에 갇혀 있는 새 두 마리
한 몸 되어 날갯짓 푸드덕

바깥 구경하고 싶어 안달을 하고
더우면 더울수록 열을 토하네

세월아 가을이 어디쯤 왔니
빨리 좀 오렴 목메어 불러 보네

등불

너를 처음 봤을 때
눈이 부셔 똑바로 볼 수가 없었어

밤을 꼬박 새우고
흐리멍덩해지더니
깜빡깜빡 졸고 있네

날이 샌 뒤 가로등이
얼마나 피곤했으면
단잠을 자고 있네

비둘기

처마 밑에서 구구구 정답게
속삭이며 살고 있네

먹을 것이 있으면
가족 친구들 같이 나누어 먹고

한 놈이 날아가면 다 갔다가
또 오면 빠진 털도 덩달아
오르락내리락 떠다니네

비둘기는 푸르고 붉은 색 목털미와
꼬리에 흰 점 빨간 발이 귀엽고

사람을 잘 따라서
모두들 예뻐하네

우리 집 화분

사랑만 듬뿍 줬을 뿐인데
쑥쑥 잘 크는 네가 고마워

철사로 둥글게 울타리 만들어
노력하는 것만큼 꽃봉오리가
점점 볼록해진다

연보라 라일락 꽃향기 맡고 또 맡아도
향기로움이 어머니 같다

가족 2

콩나물 시루 같은 지하철 타고
고생이 많은 아들

아빠가 청소 빨래하는데
사위가 따라하니 좋아하는 딸

마음을 열어 상처 주지도 받지도 말고
사랑한다는 말 한마디로
천냥 빚 갚아요

가족과 대화 없이는 못 살지요
생대가 못마땅할 때는

침 한번 꿀꺽 삼키고
웃음으로 미안해 하며 다독여 주면

봄눈 녹듯이 사르르 녹지요

시인(詩人)의 꿈, 혹은 희망(希望)

— 김옥자 시집 『가슴 울리는 천상의 소리』에 나타난 시세계

윤제철 (시인 · (사)세계문인협회 부이사장)

1. 들어가는 글

일상은 나를 위하는 일보다 남을 위해 하는 일로 바빴다. 남녀를 불문하고 안팎으로 생각해 보면 할 말들이 많다. 그럼에도 글로 쓰는 일을 어렵게 여겨왔을 뿐만 아니라, 나보다 수준 높은 사람들이 쓰는 걸로만 알고 글을 쓴다는 건 쉬운 일은 아니었다.

생활 주위에서 일어나고 있는 일들을 만나거나 부딪쳐서 오는 느낌을 그냥 넘기지 않고, 글로 남기는 일에 흥미를 얻어 가슴을 답답하게 짓누르던 짐들을 내려놓으려 애쓰는 모습을 어렵지 않게 보고 있다. 실로 용기를 지닌 분들이라 말할 수 있다.

무슨 일이든 처음부터 잘하는 일은 없다. 한 번 두 번 해보고 잘할 수도 없다. 시행착오를 거치면서 속 시원하게 하고자 하는 말을 털어놓았는지, 아니면 읽는 사람들에게 공감을 줄 수 있었는지를 생각한다. 그리고 여러 번 읽어보고 고쳐보지만 마음에 들지 않는다. 당장에 완성할 수 없어 덮어두었다가 다시 생각해보면 떠오르지 않았던 생각들이 어디에서 기다렸다는 듯이 떠올라 반겨준다.

문학소년 · 소녀로서의 꿈들이 여타의 이유로 한편에 밀려 있었다. 이제 자녀 뒷바라지가 마무리되어 가면서 새롭게 시도해보는 계기가 되었다. 소외되어 가는 자신을 추스를 수 있게 되었다. 애착을 갖고 정성을 다하여 써놓은 글이 한 편의 작품으로 탈고되었을 때 성취감이나 분신을 낳는 소중함을 얻게 되었다.

김옥자 시인은 성실하고 솔직하다. 함께 시 창작을 공부하면서 보여준 열정에 박수를 보낸다. 어느새 수북이 쌓인 시 원고뭉치를 들고 시집을 내겠다고 찾아왔다. 온몸으로 빚은 시를 세상에 내놓겠다니 반가운 일이다.

우리들의 어머니들이 숙명처럼 받아들였던 집안의 대소사 하나하나 생각이 미치지 않는 곳이 없어도 밑거름으로 받아들여져야 했다. 해놓은 일을 알아주지 않고 희생의 생애를 되새겨야 했다. 이제는 지난날을 훌훌 털고 다가오는 밝은 날을 노래하고 싶은 것이다.

인권신장에 눈을 뜨면서 인정받게 된 요즘은 당당하게 권리를 주장하며 남녀평등보다는 오히려 여성상위시대를 외칠 만큼 변화되었다. 이 땅의 많은 시인들이 노래해왔지만 잘 써야겠다는 욕심보다는 가슴 곳곳에 묻혀 있는 기쁨과 슬픔, 그리고 사랑과 이별을 진실하고 솔직하게 들려주는 시인이 되려 한다. 시세계에 들어가 무엇을 이야기하려 했는지 이해하고 공감하여 이미지를 만나 감동의 순간을 맞이하시길 바라며 몇 편의 시를 조명하고자 한다.

2. 시인(詩人)의 꿈, 혹은 희망(希望)

삼라만상 울린 천둥소리에
잠자던 개구리 깨어나면

흙 들어 올리고 일어선 새싹
꿈틀거리며 내미는 손

가늘고 부드러워
살살 달래야 한다던 어머니

물오른 버들피리
방에서 삑삑 불면 뱀 나온다고
못 불게 하셨지

누군가 뒷동산 올라
구성진 통소 부는 소리에

바람도 조용히 숨죽이고
잔잔한 내 가슴도 출렁출렁 파도쳤지

—「봄바람」 전문

죽은 듯 아무런 흔적이 없어 보이던 생명체들은 봄이 되면 꿈틀거리며 세상 밖으로 나오려 한다. 가늘고 부드러운 음지 속에서 나오는 나약하고 어린 모습이지만 겨울을 그저 편하게 잠만 자고 있었던 것은 아니다. 잎이 떨어지는 순간부터 봄이 되면 다시 피어나가 위한 준비를 게을리하지 않았기에 가능한 일이었다.

개구리가 겨울잠에서 깨어나고 새싹이 흙을 들고 일어나며, 물오른 버들피리에 퉁소를 불어대면 잔잔한 가슴속에 쉬고 있던 감성들이 고개를 내밀고 무슨 일이라도 생겼는지 궁금증을 해소하려 한다. 그리고 함께하려 발 벗고 나서는 바람이 분다. 보기에는 약하게 보일지 몰라도 점점 시간이 지나면서 뿌리까지 흔들리는 봄바람이다.

힘을 얻는다는 것은 혼자만의 힘으로는 어려워서 반드시 받혀주는 디딤판이 있어야 한다. 옆에 있는 친구가 하니까 나도 덩달아 하듯 부채질이 필요하다. 활동하기 좋은 따뜻한 날씨는 무엇보다 우리들의 마음을 부추기는 마력을 지니고 있다.

넌 이름이 뭐니
빨갛게 잘 익은 고추장
여기 구수한 된장도 있어요

난 간장독 짜디짠 물을
오랫동안 보관하고 있어서
내 몸에는 소금꽃이 피었어요

어느 수집가가 수거해놓은 물건들
태양 빛에 번쩍번쩍 너무 놀랬어요

한국의 멋을 잘 나타낸
항아리 변신은 무죄

옹기에 구멍 뚫어 새 작품으로 탄생
수줍은 미소 하하 허허 웃는 얼굴
찌푸리고 성난 표정 다양한 공예품

—「골동품」 전문

생활용품으로 만들어 고추장, 된장을 담아 쓰던 독은 흔히 볼 수 있었다. 간장을 담으면 간장독으로 오랫동안 보관하면 소금꽃마저 피고 만다. 오래되고 보니 요즘은 예전만큼 흔하지 않다. 개성을 지니며 살아

남은 옛것을 골라 수집가의 손길을 받아 때 빼고 광을 내서 보관하면 볼품이 생겨난다.

골동품은 오래되고 예술적 가치도 높아 수집이나 감상의 대상이 되는 물품이다. 시대에 뒤떨어지고 쓸모없는 낡은 것이나 그런 사람을 비유적으로 이르는 말도 된다. 여기에서 골동품은 오래된 간장독이다.

그냥 두기보다는 변신을 통하여 현대적 감각으로 새롭게 태어난 모습들이다. 관심 밖에 놓였다 하더라도 번쩍번쩍 빛나는 것들은 시선을 받기 마련이다. 옹기에 구멍을 뚫거나 미소를 띤 얼굴을, 아니면 찌푸리거나 화난 얼굴을 하고 있는 공예품으로 격을 높여 골동품 자리에 앉고 말았으니 오래도록 버티고 살아남고 볼 일이다.

화려한 내가 좋아

나는 은은하고
소박한 것이 싫어
노랑 주황 분홍으로 변하는 꽃

한 번 피고 지기 아쉬워
자라는 대로 연속 피는 꽃

시샘이 나서
짓궂은 바람이 흔들고 가면

우수수 떨어져
바닥에 수놓은 란타나 꽃

—「란타나 꽃」 전문

은은하고 소박한 것보다는 화려한 것을 좋아하는 여인으로 비유되는 란타나 꽃이다. 처음 모습으로 늘 그렇게 있기가 싫어 색깔을 바꿔야 직성이 풀리고 승부욕이 강하다. 남에게 지기를 싫어하여 남이 예쁜 꼴을 못 본다.

꽃이 피기 시작하였다가 꽃이 지게 되는 것이 억울하고 아쉬워 연속해서 피워내는 꽃이다. 개성이 강한 현대판 도회지 여성상이다. 자존심이 강하여 뜻을 굽히지 못하는 성격도 만만치 않아 결코 손해를 보는 법이 없는 란타나 꽃이다.

누구라도 주변에서 거치적거리면 참을 수가 없다. 서로 간에 타협을 하여 이해하고 적응할 수 없는 유별난 생활습관을 지니고 있다. 성질이 나면 어쩌지 못하고 발랑 나자빠지는 버릇이 있다. 이파리가 바닥에 우수수 떨어져버리니 어떤 수를 쓸 수가 없다.

도대체 함께 어울릴 수 있는 상대가 있기나 할지 모르겠다. 짚신도 짝이 있다는데 없기야 할까. 그나저나 그 짝이 고생할 생각을 하면 혼자 내버려두어야 하지 않을까.

너 노는 것만 바라보아도
눈과 마음이 즐거워

오른발 왼발 해봐도
마음대로 잘 안 되더라

앞집에 늘어진 넝쿨장미나무 끝에
꽃 한 송이 신나게 놀고 있네

니나노 아니면 덩더쿵인가
바람이 약하면
살랑살랑 흔들고
강하면 빠르게

서울 대구 부산 찍고
춤을 추는 여인처럼 보인다

—「춤바람」 전문

하늘하늘 휘어지는 넝쿨장미나무 가지 끝에 꽃 한 송이가 바람에 흔들리고 있다. 그 모습을 바라다보는 마음이 즐겁다. 바람이 부는 방향과 속도에 따라 흔들리는 박자가 다르다. 마치 춤을 추는 여인처럼 보인다. 왼발 오른발 하며 함께 춤을 추는 기분으로 흔들어보지만 잘 되지 않는다. 니나노인지 덩더쿵인지 알

수는 없어도 좋기만 하다.

시간 가는 줄 모르고 넋을 빼앗긴다. 사람도 아닌 넝쿨장미나무 가지 끝에 핀 꽃 한 송이에 빠져버렸다. 헛것이 보여 홀려버렸는지도 모른다. 그리고 꽃 한 송이가 달린 가지를 붙잡고 통사정을 할지도 모를 일이다.

시인의 감각은 사물의 움직임에서 상상력을 유감없이 뿜어내고 있다. 혼자서도 얼마든지 잘 놀 수 있는 정신세계로 몰입할 수 있는 능력을 지니고 있어, 실제로 춤을 추지 않고 상상 속에서 어울려 춤을 추었다 하더라도 상당한 에너지가 소모되는 전신 운동의 효력을 누렸을 것이다.

별이 떠도
장에 가신 부모님 안 오셔
손전등 들고 마중 가던 중

고양이가 담에서
후다닥 뛰어 내리니
놀라서 쇠똥에 넘어졌다

무릎에는 빨간 꽃이 피었는데
아픈 줄도 모르고
소달구지 끌며 이랴— 하는
아버지 목소리 반가워

온다 하며 뛰어가
달구지 타고
달달한 알사탕 먹으며
동생들과 부르던
고향의 봄 노래
메아리처럼 들리는 듯하다

—「밤길」 전문

제대로 난 길은 신작로길밖에 없고 대부분 평편하지 않은 좁은 길뿐이었다. 더구나 밤이 되어도 가로등은 생각조차 할 수 없었다. 장에 가신 부모님을 마중 가는 데도 손전등이 필요했다. 어두운 밤길은 잘 보이지 않고 울퉁불퉁하여 넘어지기 일쑤였다. 고양이나 멍멍 짖어대는 개를 만나면 겁이 나서 도망치느라 속수무책이었다.

멀리서도 아버지의 음성이 들리면 신음을 다 잊고 달려갔다. 그때까지만 해도 아버지는 이 세상에서 가장 크고 강한 존재였다. 아버지를 의존하며 무서울 게 없었다. 달구지 타고 알사탕 먹는 재미가 쏠쏠하여 노래까지 터져 나올 정도로 신이 났었다.

부모님 마중이 아닌 심부름을 갔다 오는 밤은 싫었다. 버스도 자주 다니지 않는 데다 버스 정류장에서 집까지 삼십 분 넘게 걸어야 했다. 지금과 너무나 다른 밤길은 많은 추억을 간직하게 하였다. 시골에 고향을 둔 것이 서울을 고향으로 가진 사람에 비하여 어린 시절 자연과의 인연을 맺을 수 있었던 좋은 기회였다.

요 녀석들 우리 집에 오면
내가 장난감인 양
놀자고 떼를 쓴다

둥근달 뻥튀기 한 입 두 입
반달이 초승달로 사그라지면

화가가 되려나
떡볶이로 얼굴에 그림을 그리고
눈물 콧물로 매운 글씨를 쓴다

주먹밥 위에 놓인 꽃과 나비가
사랑을 속삭이면
옥수수 하모니카로 노래를 부르는

요 녀석들 변신의 숲속 요정에 홀린 듯
천년이 무아지경이다

—「오냐오냐 내 손자 1」 전문

자식이 낳은 손지를 보는 일은 신나는 일이다. 아직은 먹고 자고 돌아다니지 않아 편하지만 만만하지 않다. 지나고 생각하니 제대로 키울 줄도 모르고 우물쭈

물 키웠던 자식들에게 미안하다. 그 아이들의 자식을 돌봐주는 일에 공을 들인다. 무엇보다 거짓말 할 줄 모르고 천진난만한 모습들이 천사라서 좋다.

잘해주다 보니 막무가내로 덤벼든다. 아니 사람으로 여기기나 하는지 알 수가 없다. 얼굴을 꼬집거나 귀를 잡아당기며 놀아줄 때면 장난감이 되어야 한다. 그래도 좋으니 손자 바보인가 보다. 뻥튀기나 떡볶이를 먹다가 그걸 갖고 얼굴에 그림을 그려도 좋다.

마치 손자의 미래의 활동 장면이라도 비춰보는 듯 흐뭇하게 바라다보는 것이다. 옥수수 하모니카의 연주는 모두를 홀리게 하는 마력을 지니고 있다. 무엇이든지 긍정적으로 오냐오냐 하는 손자 앞에 할아버지, 할머니는 무골호인이다. 모든 것을 다 주어도 아깝지 않다는 다짐은 손자와 함께 있는 동안 유효한 약속이다.

총무네 펜션 초원의 집
넓은 정원에 모든 꽃들이
여기 다 있네

은자는 점점 젊고 예뻐지는 것 같다
때 빼고 광내잖아
동심으로 돌아와 부담 없이
너 야 말 놓는
할머니 할아버지들

물레방아 돌 인어상

오층석탑 다듬이돌탑
큰 소나무 밑에
그네 농구 널뛰기 하며
20명 얼굴엔 미소가 활짝 피었네

바람 부는 대로 연못에
둥둥 떠다니는 꽃잎

노래방도 있어
귀웅이의 카리스마 넘치는 노래에
모두들 쾌활 낭랑 가득한 날이네
공기 좋고 경치 좋은 곳에
복사꽃 아카시아 향기 내뿜는
무릉도원에서 동창회 하네

—「동창 모임」 전문

넓은 정원에 20명 모든 꽃들은 동창 친구들이다. 할머니, 할아버지가 되었어도 그 시절로 돌아간다. 몸은 주름이 생겨 나이 든 티가 나지만 눈에 보이는 것은 어렸을 적 한창 때 모습으로 만나는 것이다. 소년 · 소녀로 돌아가는 돌파구로서의 동창 모임이다.

사회에서 만나면 말을 놓기도 어려운데 이 친구들은 말을 놓을 수가 있어 편하다. 그래서 고등학교 동창들이 제일 좋다. 은자는 점점 젊고 예뻐지는 것 같고 귀웅이의 카리스마 넘치는 노래에 쾌활 낭랑 가득하다. 무릉도원이 따로 없다.

누구든 다 와야 하는 자리지만 얼굴을 보여주지 않는 친구들이 있다. 보고 싶고 궁금하기만 한 몇몇 친구들이 있다. 연락을 다 한다고 애를 썼으니 다 모른다고 할 수는 없다. 일부는 알고도 못 나온다는 말이 된다. 얼굴을 내밀만한 생활을 하고 있어야 한다. 벌어먹고 살기 바쁘다거나 몸이 부실하여 모임 하는 자리에 올 수 없는 경우도 있기 때문이다.

엄동설한에는 꿈도 못 꾸던 딸기를
세상이 좋아지면서
하우스 덕분에 먹을 수 있다

사과는 자기가 최고라며 자랑하는데
나만큼 큰 놈 있으면 나와 봐
수박이 갈증 해결해 준다며 큰소리 꽝꽝

귤 포도는 당도가 높다며
천도복숭아는 열이 천 도나 된다고
뻥 잡는다

방울만 한 대추가 제사상 보약 등등
감초처럼 어디든지 잘 어울린다며 방방대고

옹기종기 앉아 서로 인기가 좋다고
이야기꽃이 피는 과일가게

—「사계절」 전문

과일가게에는 엄동설한에도 딸기를 먹을 수 있고 어떤 것이든 따로 계절을 가리지 않는다. 비닐하우스 덕분이다. 덩치가 크거나 당도가 높은 것, 대추와 감초가 어디든지 잘 어울린다며 방방댄다. 마치 과일들이 모여 모임이라도 하는 듯 서로 자기주장이 옳다고 토론이라도 벌이는 현장의 목소리가 들려오는 과일가게가 사계절의 과일을 휘어잡고 있다.

이런 와중에 어떤 이는 계절이 파괴되었다며 걱정을 하지만 좋아하는 사람들도 많다. 그보다 더 큰 걱정은 제철과일들이 비닐하우스에서 수확한 것보다 환영받지 못하고 있는 건 아닌지 우려되는 점이다. 뿐만 아니라 개량종으로 각광받는 방울토마토가 대추알만하게 만들어져 그 사용용도 면에서 원조 토마토를 능가하는 건 아닌지, 존재유무 등 많은 문제점을 낳고 있다. 생명이 있든지 없든지 무리를 짓고 있는 것은 힘이 느껴진다.

봄과 가을이 짧아지고 있는데 여름과 겨울은 상대적으로 길어지는 상황에서 과일들에게 어떻게 작용될 것인지 주목된다.

3. 나오는 글

김옥자 시인의 시를 읽다 보면 곁에서 이야기를 주고받듯 명랑 쾌활한 그녀를 만날 수 있다. 어느 곳에서라도 눈앞에 나타나는 사물이나 사건을 만나 낯이 설어도 붙임성 있게 말을 붙이는 숫기가 있고, 말의 실타래를 잘 풀어내는 뛰어난 감각은 있는 그대로 솔직하고 풍부한 어휘력을 동원할 수 있다. 잠시도 머뭇거림이 없이 즉흥적인 묘사로 표현되고 있다.

다시 말하면 일상적인 언어로 하나의 스토리가 설정되면 대화를 주고받듯 자연스럽게 나열된다. 매체의 동작은 매체의 성격을 떠나지 않고 끝까지 어색하지 않게 비유를 통해 주제를 감추었고 매체의 삶을 쉽게 이해할 수 있도록 의인화시켜 주었다.

제1부 '가슴 울리는 천상의 소리', 제2부 '사랑엔 유통기한이 없다', 제3부 '멋쟁이 되는 건 시간문제', 제4부 '속담으로 하는 대화'로 전 4부에 실려 있는 시를 읽었다. 시인은 어렵고 가난하거나 아픔을 밥 먹듯 견뎌야 했던 사람들의 편에 서서 싸워 이길 수 있는 힘과 용기를 품을 수 있는 응원과 격려가 되어야 했다. 자신이 겪어야 했던 난관이나 어두운 그늘마저 마다하지 않고 꿋꿋하게 버텨 이길 수 있는 참을성과 용기를 주어야 했다.

김옥자 시인의 작품은 일상에서 흔히 벌어지는 사

건을 통해 만들어진 이미지 구성을 어렵지 않게 시상으로 표출하고 있다. 평소에 사용해오던 언어가 시어로써 결합되어 신축성 있고 활발한 회화로 구성되었다. 대체로 여러 사람들이 어우러져 소통을 취하는 흥겨운 위트와 유머가 섞인 현장의 목소리가 또렷하게 들려온다.

앞으로 생활 주변의 주제보다는 시야를 넓혀 큰 이미지를 담을 수 있게 그릇을 좀 더 키울 수 있어야 할 것이다. 뿐만 아니라 세상에 펼쳐지는 일들을 부단히 관찰하고 옳고 그름을 판단하여 정신적인 면에서 독자들에게 앞서가는 의식의 세계를 제시해주는 훌륭한 시인이 되기를 바란다.

첫 번째 시집 상재를 진심으로 축하한다.

문학세계대표작가선 845

가슴 울리는 천상의 소리

김옥자 시집

인쇄 1판 1쇄 2018년 3월 14일
발행 1판 1쇄 2018년 3월 21일

지 은 이 : 김옥자
펴 낸 이 : 김천우
펴 낸 곳 : 도서출판 천우
등 록 : 1992. 2. 15. 제1-1307호
주 소 : 서울시 성동구 무학봉28길 6 금용빌딩 2F
전 화 : 02)2298-7661
팩 스 : 02)2298-7665
http://moonhak.wla.or.kr
E-mail : chunwo@hanmail.net

값 9,000원

ISBN 978-89-7954-711-5

이 도서의 국립중앙도서관 출판예정도서목록(CIP)은 서지정보유통지원시스템 홈페이지(http://seoji.nl.go.kr)와 국가자료공동목록시스템(http://www.nl.go.kr/kolisnet)에서 이용하실 수 있습니다. (CIP제어번호: CIP2018007338)